CATALOGUE RAISONNÉ

DES

BIBLES

ET

NOUVEAUX TESTAMENTS

EN LATIN ET EN FRANÇAIS

De la Bibliothèque de la Société biblique protestante de Paris

DRESSÉ PAR L'AGENT DE LA SOCIÉTÉ

(Extrait du 42e Rapport de la Société)

PARIS
AGENCE DE LA SOCIÉTÉ BIBLIQUE PROTESTANTE,
RUE DES BEAUX-ARTS, 5.

1862

CATALOGUE RAISONNÉ

DES

BIBLES

ET

NOUVEAUX TESTAMENTS

EN LATIN ET EN FRANÇAIS

De la Bibliothèque de la Société biblique protestante de Paris

DRESSÉ PAR L'AGENT DE LA SOCIÉTÉ

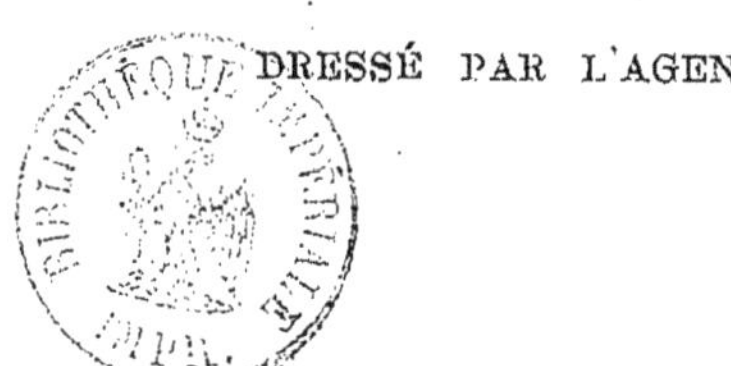

(Extrait du 42e Rapport de la Société)

PARIS

AGENCE DE LA SOCIÉTÉ BIBLIQUE PROTESTANTE,

RUE DES BEAUX-ARTS, 5.

—

1862

Date	Format	No du Catalogue	
1813	in-8	96	Le Nouveau Testament .. Osterwald. Edition stéréotype de Didot, Paris. Texte de Bienne.
1813	in-12	97	Le Nouveau Testament... imprimé sur l'édition de Paris de l'année 1805. Edition stéréotype, par Wilson. Londres. Texte de Bienne.
1817	in-8	78	Nouveau Testament anglais-français. Londres, Tilling et Hughes. Texte de Bienne. — 2 exempl.
1817	in-12	98	Le Nouveau Testament... Osterwald. Porrentruy, Deckherr. Texte de Bienne.
1818	in-8	90	La sainte Bible... revue sur le texte original. Bâle, Emanuel Tourneisen. Texte anonyme d'Osterwald. — Sommaires anonymes de Martin remaniés.
1820	in-8	93	La sainte Bible. Pareille à la précédente.
1821	in-8	176	La sainte Bible... première édition, revue et corrigée sur le texte original. Basle, Emanuel Tourneisen. Pareille aux deux précédentes.
1822	in-12	135	Nouveau Testament français-allemand. Francfort-sur-le-Mein. Texte de Bienne.
1822	in-4	41	La sainte Bible... version d'Osterwald, revue par les Sociétés bibliques de Lausanne et de Neuchâtel. Le texte a été complétement remanié, et ne ressemble plus à Osterwald.
1823	in-8	129	Le Nouveau Testament... Osterwald. Paris, Smith, édition stéréotype, tirage de 1850.
1823	in-8	103	Le Nouveau Testament... Osterwald. Paris, Smith.
1824	in-8	23	La sainte Bible... Osterwald. Paris, Smith, par la Société biblique protestante. Texte d'Osterwald. — Sommaires de Martin remaniés. — 3 exempl.
1825	in-12	233	La sainte Bible... avec l'hébreu en regard. Londres, Samuel Bagster.
1825	in-8	106	Nouveau Testament... Osterwald. Paris, Smith.
1825	in-8	62	La sainte Bible... Paris, stéréotype de 1823.
1826	in-8	107	Nouveau Testament... Osterwald. Paris, Smith.
S/d	in-8	112	Nouveau Testament... Osterwald. Montbéliard.
1826	in-12	109	Nouveau Testament... version de Genève, sur l'édition de Paris de 1805. New-York. Texte d'Osterwald.
1826	in-18	146	Nouveau Testament... Osterwald. Paris, Smith.
1827	in-8	68	La sainte Bible... Osterwald. Paris, Smith, quatrième tirage.
1827	in-8	110	Nouveau Testament... Osterwald. Paris, Smith.
1830	in-12	159	La sainte Bible... des professeurs de Genève, sur l'édition de Paris 1805. New-York, par la Société biblique américaine. Texte d'Osterwald.
1830	in-8	61	La sainte Bible... Osterwald. Paris, Smith.
S/d	in-8	57	La sainte Bible... Osterwald. Montbéliard, Deckerr et Barbier (texte et sommaires semblables à ceux de l'édition de la S. B. P.)

Date	Format	No du Catalogue	
1832	in-18	143	La sainte Bible... Osterwald. Paris, Duverger.
1832	in-8	72	La sainte Bible... Osterwald. Paris, Smith, neuvième tirage.
1832	in-8	113	Nouveau Testament... Ostervald. Paris, Smith.
1833	in-8	115	Nouveau Testament... Osterwald. Valence, Marc Aurel.
1833	in-8	114	Nouveau Testament... Osterwald. Paris, Smith
1834	in-18	116	Nouveau Testament... Osterwald. Paris, Société biblique française et étrangère.
1836	in-8	84	La sainte Bible... Osterwald. Paris, Smith, douzième tirage.
1836	in-18	150	La sainte Bible... Osterwald. Paris, Société biblique française et étrangère.
1836	in-8	118	Nouveau Testament... Osterwald. Paris, Smith.
1836	in-12	119	Nouveau Testament... Osterwald. Valence.
1837	in-8	67	Nouveau Testament... Osterwald, gros caractères. Paris, Société biblique protestante.
1837	in-8	86	La sainte Bible... Osterwald. Paris, Société biblique française et étrangère.
1839	in-12	92	La sainte Bible... Osterwald, Valence. Société biblique protestante.
1840	in-8	121	Nouveau Testament... Osterwald. Valence.
1841	in-folio	4	La sainte Bible... Osterwald. Paris, Société biblique protestante.
1841	in-4	34	La sainte Bible... Osterwald. Paris, Société biblique protestante.
1842	in-18	139	Nouveau Testament... Osterwald. Paris, Société biblique française et étrangère.
1842	in-12	122	Nouveau Testament.. Osterwald. Paris, Société biblique française et étrangère.
1843	in-18	144	Nouveau Testament... Osterwald. Paris, Société biblique protestante.
1844	in-8	123	Nouveau Testament... Osterwald. Paris, Société biblique protestante, seizième tirage.
1845	in-8	125	Nouveau Testament... Osterwald. Valence.
1847	in-18	140	Nouveau Testament... Osterwald. Paris, Société biblique française et étrangère.
1847	in-12	126	Nouveau Testament... Osterwald. Paris, Société biblique protestante.
1847	in-8	16	La sainte Bible... Osterwald. Montbéliard, Deckherr.
1848	in-8	127	Nouveau Testament... Osterwald. Paris, Société biblique française et étrangère.
1849	in-8	75	La sainte Bible... Osterwald. Paris, Société biblique protestante.
1849	in-8	222	La sainte Bible... version revue sur les originaux. Londres, W. M'Dowall (sous la direction de MM. Matter, Verny, Cuvier, pour la Société de la propagation des connaissances chrétiennes)
1850	in-4	52	La sainte Bible... version revue sur les originaux. Paris, 2 vol. (Pareille à la précédente).
1850	in-12	128	Nouveau Testament... Osterwald. Paris, Marc Ducloux.
1850	in-8	64	La sainte Bible... Osterwald. Paris, Marc Ducloux.
1850	in-12	134	La sainte Bible... Osterwald. Paris, Marc Ducloux.
1850	in-8	70	La sainte Bible... Osterwald. Paris, Société biblique française et étrangère.
1851	in-12	130	Nouveau Testament... Osterwald. Paris, Marc Ducloux. Souligné à l'encre rouge par Napoléon Roussel.

Date	Format	No du Catalogue	
1852	in-12	131	Nouveau Testament... Osterwald. Paris, Société biblique protestante.
1854	in-32	208	Nouveau Testament... Osterwald. Paris, Meyrueis.
1855	in-32	209	Nouveau Testament... Osterwald. Paris, Meyrueis.
1857	in-32	210	Nouveau Testament... Osterwald. Paris, Meyrueis.
1858	in-8	76	La sainte Bible... Osterwald. Paris, Société biblique française et étrangère.
1858	in-8	88	La sainte Bible... Osterwald. Paris, Société biblique protestante.
1859	in-18	171	Nouveau Testament... Osterwald. Paris, édition du Jubilé, Société biblique protestante.
1859	in-12	132	Nouveau Testament... Osterwald. Edition stéréotype. Strasbourg, Société biblique protestante de Paris.
1860	in-12	182	La Sainte Bible... Osterwald. Paris, Société biblique française et étrangère.
1861	in-8	89	La sainte Bible... Osterwald. Paris Société biblique protestante.
1861	in-12	164	La Sainte Bible... Osterwald, avec nouveaux parallèles. Paris, Société biblique française et étrangère.
1861	in-32	172	Nouveau Testament... Osterwald. Edition du Jubilé désinterlignée. Strasbourg, Société biblique protestante de Paris.
1861	in-8	231	Concordance des quatre Evangiles présentée dans l'ordre textuel, sans transition ni transposition. Paris, Berger-Levrault.
1862	in-32	197	Nouveau Testament... Osterwald. Stéréotype de Meyrueis. Strasbourg, Société biblique protestante de Paris.

VERSION DE SACY.

Isaac Lemaistre, dit de Sacy, prêtre de Port-Royal, enfermé pour cause de jansénisme, traduisit la Bible en prison, comme Luther dans la forteresse de la Wartbourg. Il ajouta à sa traduction, faite d'après la Vulgate, « des explications du sens littéral et du sens spirituel. »

« *Cette version, plus élégante qu'exacte, est, de toutes les traductions françaises de la Bible, faites par des catholiques, celle qui est le plus généralement répandue. Les premiers volumes parurent d'abord en* 1672 *et années suivantes* (30 vol. in-8); *mais on préfère la seconde édition qui a été revue par Du Fossé, et qui est la plus correcte.* » Cette traduction a été souvent retouchée, entre autres par Rondet et l'abbé Jager. (Brunet, *Manuel du libraire*, 1860.)

Sacy avait déjà publié en 1667 une traduction du Nouveau Testament connue sous le nom de Nouveau Testament de Mons; elle fut condamnée par le pape. R. Simon a consacré 5 chapitres de son *Hist. critiq. du Nouveau Testament* à l'examen peu impartial de cette version.

Les meilleures versions catholiques sont celles de Sacy et de De Carrières. La dernière est peut-etre préférable. Celle de Legros a été revue sur les originaux.

Date	Format	No du Catalogue	
1817	in-8	36	La sainte Bible... traduite sur la Vulgate par M. Le Maistre de Sacy, aux frais de la Société biblique russe. Saint-Pétersbourg.
1821	in-8	91	La Bible d'après la Vulgate, de Le Maistre de Sacy, sur le texte de l'édition de Paris de Desprez, 1759. Paris, Smith.
1824	in-12	105	Nouveau Testament... de Sacy. Paris, Smith, d'après le texte de Desprez, 1759.
1838	in-4	39	Les Evangiles... de Sacy. Edition avec culs-de-lampe, de l'abbé Tresvaux. Paris.
1840	in-8	209	La sainte Bible... traduite sur la Vulgate par le Maistre de Sacy. Paris, chez Hachette.

Date	Format	No du Catalogue	

RÉVISION DE LOUVAIN.

Il n'y a pas, à proprement parler, de version de Louvain; la Bible qui porte ce titre n'est que la Bible de Lefèvre d'Etaples, avec de rares corrections empruntées aux révisions de Genève, et quelques passages traduits dans un sens favorable à la controverse catholique.

La première révision fut commencée, en 1548, par Nicolas de Leuse, professeur à l'Université de Louvain, avec l'aide de François de Larben, et imprimée à Louvain en 1550 par Barthélemy de Grave, avec une préface de Nicolas de Leuse.

Jacques De Bay y introduisit de nombreuses et importantes corrections en 1572. Il dit, dans sa préface, que le but des théologiens de Louvain a été de mettre entre les mains du peuple une traduction dont la lecture pût lui être permise par les évêques ou par les inquisiteurs. Richard Simon dit plus naïvement que le principal but fut d'ôter au peuple les Bibles françaises protestantes.

Il y eut d'autres révisions catholiques: celle de René Benoist (1560), condamnée par le pape pour être trop genevoise; celle de Besse et de Frison, qui auraient mérité la même condamnation, et plusieurs *versions*, principalement du Nouveau Testament.

Au siècle dernier, on ne trouvait guère que des Bibles de Louvain chez les protestants du nord de la France.

1550? in-folio 46 Bible sans titre, incomplète, avec gravures.

Nous n'avons pu trouver cette édition parmi les Bibles assez nombreuses de la Bibliothèque impériale; cependant il nous a été permis de les examiner toutes. C'est un in-folio à deux colonnes, caractère presque rond, pagination au recto, sommaires sans versets. Ce doit être l'édition de 1548, ou plutôt celle de 1550 de Nicolas de Leuse. Le texte diffère de celui de Lefèvre de 1530 et 1534; il diffère davantage de celui d'Anvers 1578. De Bay a donc fait un remaniement considérable sur le travail de Nicolas de Leuse.

1582 in-4 19 La sainte Bible... traduite de latin en françois par les théologiens de l'Université de Louvain... avec une docte table faicte françoise de la latine de M. Jean Harlemius, etc. à Lyon, par Jean Pillehotte.

C'est, dit l'*Extrait du privilège*, le texte de la Bible imprimée à Anvers en 1578, approuvé par la Faculté de théologie de Paris. — préface latine de Jacques De Bay, etc., etc. — *Actes* après l'*Epître aux Hébreux*.

1586 in-folio 26 Bible sans titre à l'Ancien Testament. Paris, chez Sebastien Nivelle.

Avec gravures. — Texte pareil au précédent, avec de courtes notes. — *Actes* après l'*Epître aux Hébreux*.

1587 in-folio 10 Bible sans titre au tome I. Paris, chez Jacques Dupuys.

Même texte. — *Actes* après l'*Epître aux Hébreux*.

1587 in-folio 10bis La sainte Bible... approuvée par les théologiens de Louvain .. Au très chrétien et très religieux Henry troisiesme, roy de France. A Paris, chez Guil. de la Noue.

Même texte. — *Actes* après l'*Epître aux Hébreux*. — Manque dans Le Long — A appartenu aux Célestins d'Amiens, puis à plusieurs huguenots; au folio 4 une mauvaise et curieuse poésie contre Rome écrite à la main:

Mon cœur, bénis Dieu Qu'étant en ce lieu Sa loi nous fait voir Que je quitte en somme Le diable de Rome; Car ce monde voir, J'aime mieux cent fois Ecouter la voix Du Dieu souverain,	Que faire promesse D'aller à la messe Voir un dieu forain. Adieu mes parents Et mes adhérents, Je m'en vais partir; Que Jésus vous touche Le cœur et la bouche Pour vous convertir, etc.

Suit une véhémente invitation à sortir de France en y laissant ses biens.

1598 in-12 156 Bible sans titre à l'Ancien Testament... A Paris, par Claude de Monstr'œil et Jean Richer.

Même texte. — *Actes* après l'*Epître aux Hébreux*.

1610 in-12 181 Bible sans titre au tome I. Rouen, pour Thomas Daré. 2 vol.

Même texte. — Manque dans Le Long.

1613 in-folio 14 La saincte Bible selon l'édition vulgaire, reveue par le commandement de N. S. Père le pape, et imprimée de

Date | Format | No du Catalogue

l'authorité de Clément VIII. Enrichie des figures et tables nécessaires. A Lyon, par Guichard Jullieron, etc.

Texte de De Bay corrigé par Jean-Claude Delille, rendu conforme au texte reçu par le concile de Trente. Dans Matth., VII, 1, Delille retranche la seconde partie du verset : *Ne condamnez point*, etc. — Manque dans Le Long. — Avec le bref du pape relatif à la Vulgate imprimée au Vatican.

1613 in-folio 32 Bible sans titre. Lyon.

L'*approbation* est de 1613, du même jour que celle de la précédente. La justification est différente.

1621 in-folio 5 La saincte Bible françoise imprimée de l'authorité de Clément VIII avec sommaires... plus les moyens pour discerner les Bibles françoises catholiques d'avec les huguenotes... par Pierre Frizon, pénitencier et chanoine de Reims. Paris, 3 vol.

C'est toujours le texte de Lefèvre corrigé d'après les révisions de Genève.

On lit dans l'*avertissement au bénin lecteur* : « Qui doute que les « mauvaises, hérétiques et pestiférées versions de l'Ecriture ne « soient plus Bibles de Dieu, mais Bibles du diable ? » A quoi R. Simon ajoute : « Sa traduction n'en est pas plus à couvert si elle res- « semble à ces Bibles du diable. »

En effet, elle y ressemble beaucoup, et tellement, que ce n'est que parce que Frizon craignait le sort de René Benoist, qu'il essaie de donner le change en criant contre les Bibles hérétiques qu'il a copiées.

1621 in-12 175 La sainte Bible... traduite en françois selon la vulgaire édition latine et version des docteurs de Louvain, reveue de nouveau et plus exactement, oultre les précédentes impressions avec un brief moyen de discerner les Bibles orthodoxes... Rouen, chez David du Petitval.

Les corrections annoncées au titre sont presque imperceptibles. C'est toujours le texte de De Bay.

1634 ? in-12 151 Bible sans titre, incomplète, avec figures.

Texte de De Bay, probablement l'édition de 1634 in-8, indiquée par Le Long. *Actes* après *les Hébreux*.

1639 in-32 204 Le Nouveau Testament... selon l'édition imprimée à Rome, par le commandement de... Sixte V. De la traduction des docteurs catholiques de l'Université de Louvain. A Paris, chez Sébastien Huré.

Texte de De Bay, revu par Delille.

1646 in-4 80 Bible sans titre. Lyon, Pierre Bailly.

Texte de De Bay, revu par Delille. — 2 exempl. avec le no 20.

1654 in-folio 27 La sainte Bible... par les théologiens de Louvain. Rouen, Clément Malassis et Robert Dare.

Texte de De Bay, revu par Delille. — Préface, renseignements sur l'histoire de la Vulgate.

1661 in-folio 30 Bible sans titre. Lyon, J. Carteron.

Texte de De Bay, revu par Delille. — 2 exempl.

Vers 1661 in-folio 29 Bible sans titre.

Porte la même vignette aux tables que la précédente et doit être sortie des mêmes presses.

1668 in-folio 33 La sainte Bible... Lyon, chez la veuve de Pierre Bailly et Pierre Bailly.

Texte de De Bay, revu par Delille. — Manque dans Le Long.

1681 in-4 35 La sainte Bible... A Rouen, chez la veuve de Pierre Cailloue.

Texte de De Bay. — Les *Actes* sont placés après l'*Epître aux Hébreux*. — Manque dans Le Long.

1683 in-folio 11 La sainte Bible... Rouen, Jacques de Lamotte.

Texte de De Bay, revu par Delille.

1690 in-4 81 La saincte Bible... Rouen, Jacques de Lamotte.

Actes, après l'*Epître aux Hébreux*. — Manque dans Le Long. — Texte de De Bay.

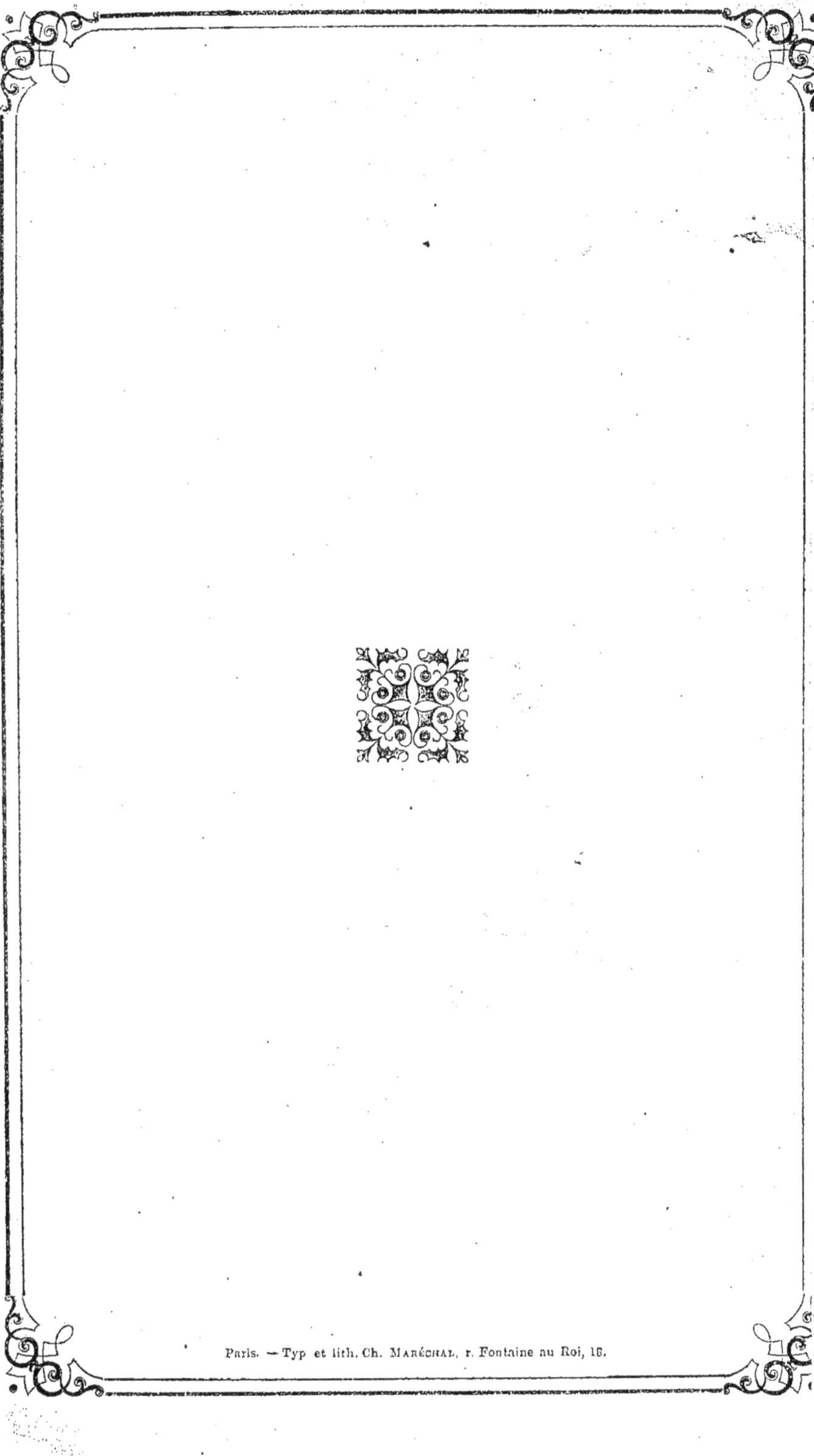

Paris. — Typ et lith. Ch. Maréchal, r. Fontaine au Roi, 16.

www.ingramcontent.com/pod-product-compliance
Ingram Content Group UK Ltd.
Pitfield, Milton Keynes, MK11 3LW, UK
UKHW021036200726
13857UKWH00004B/1744